Chiquita publishing

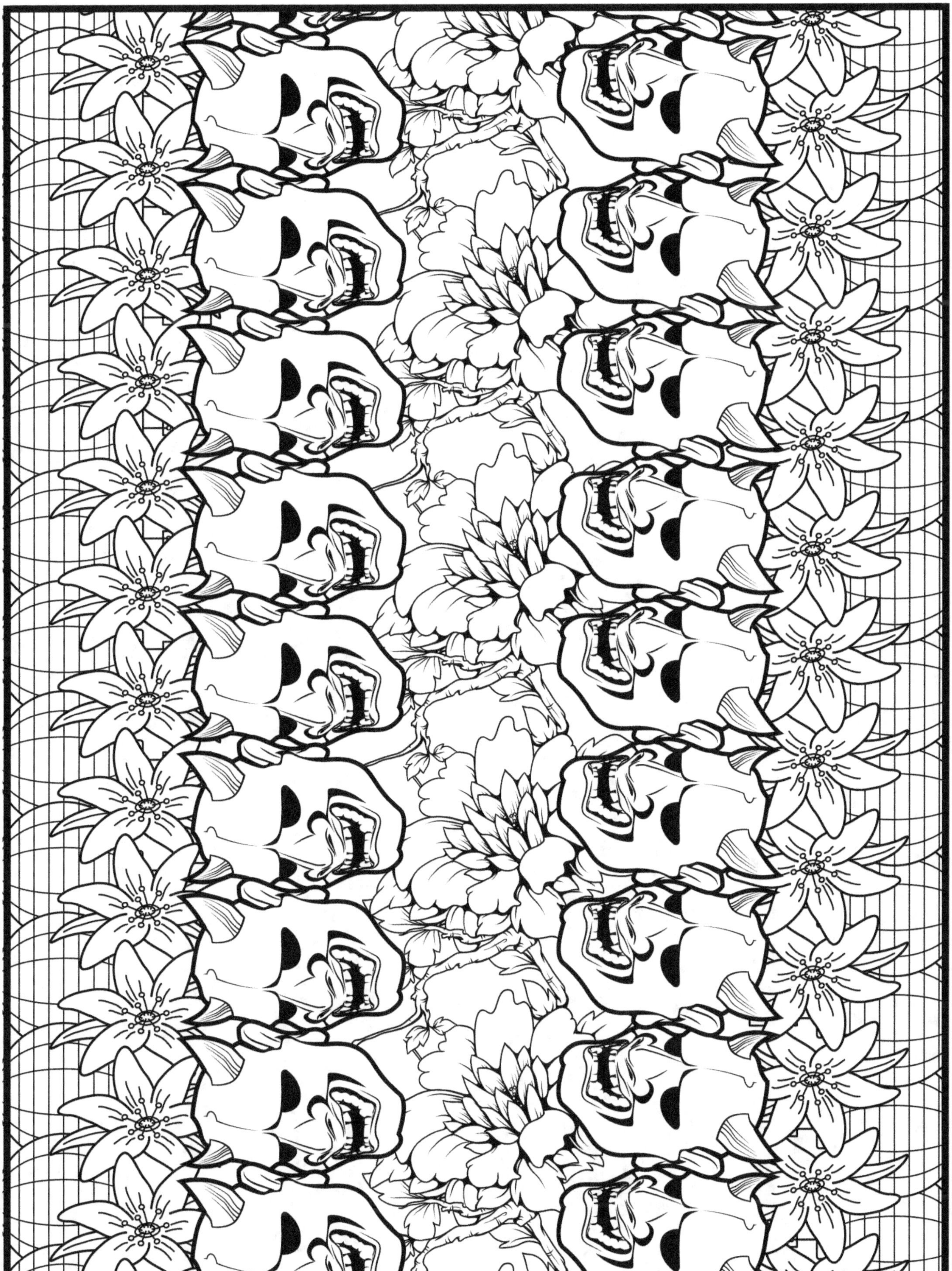

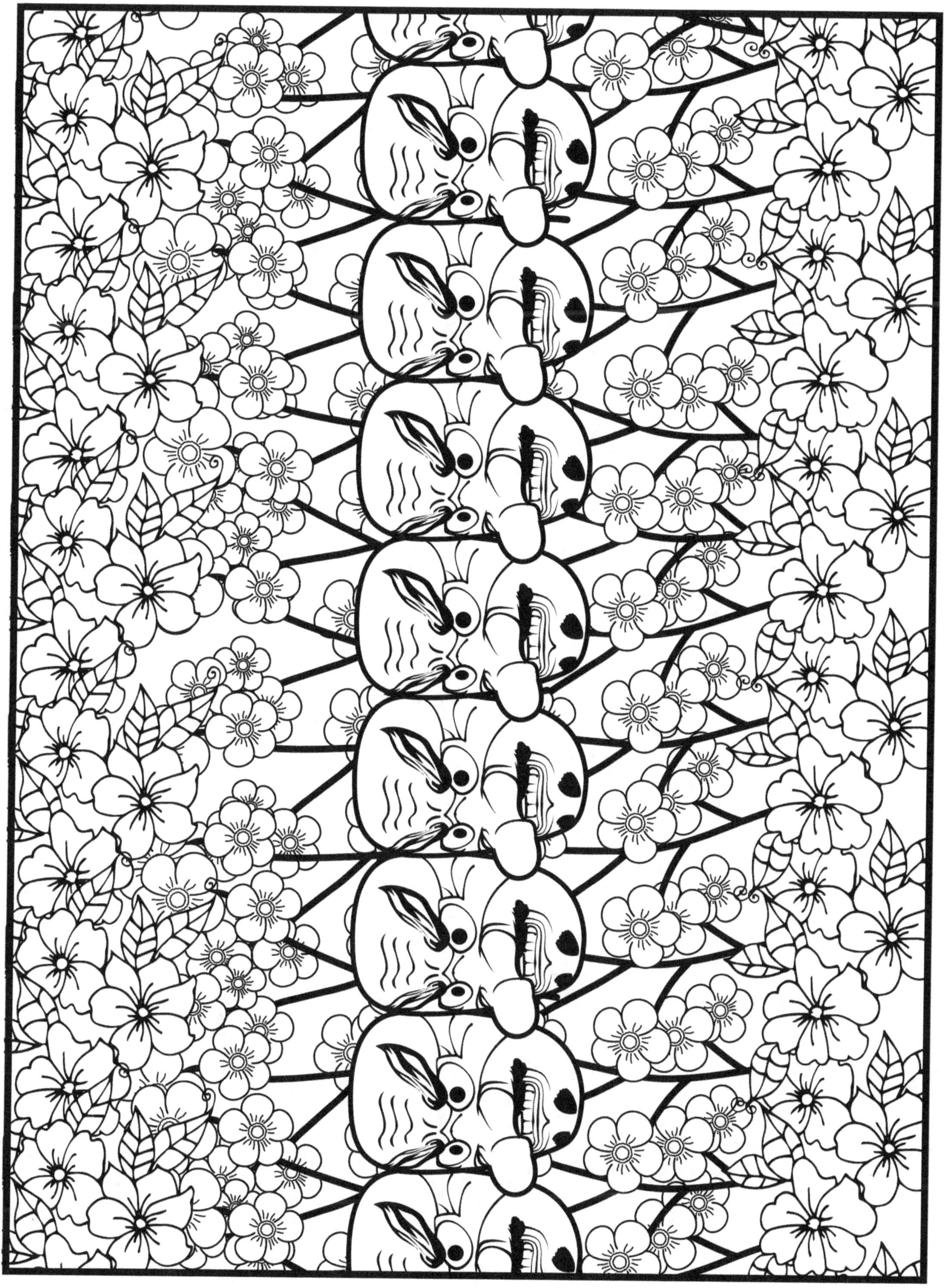

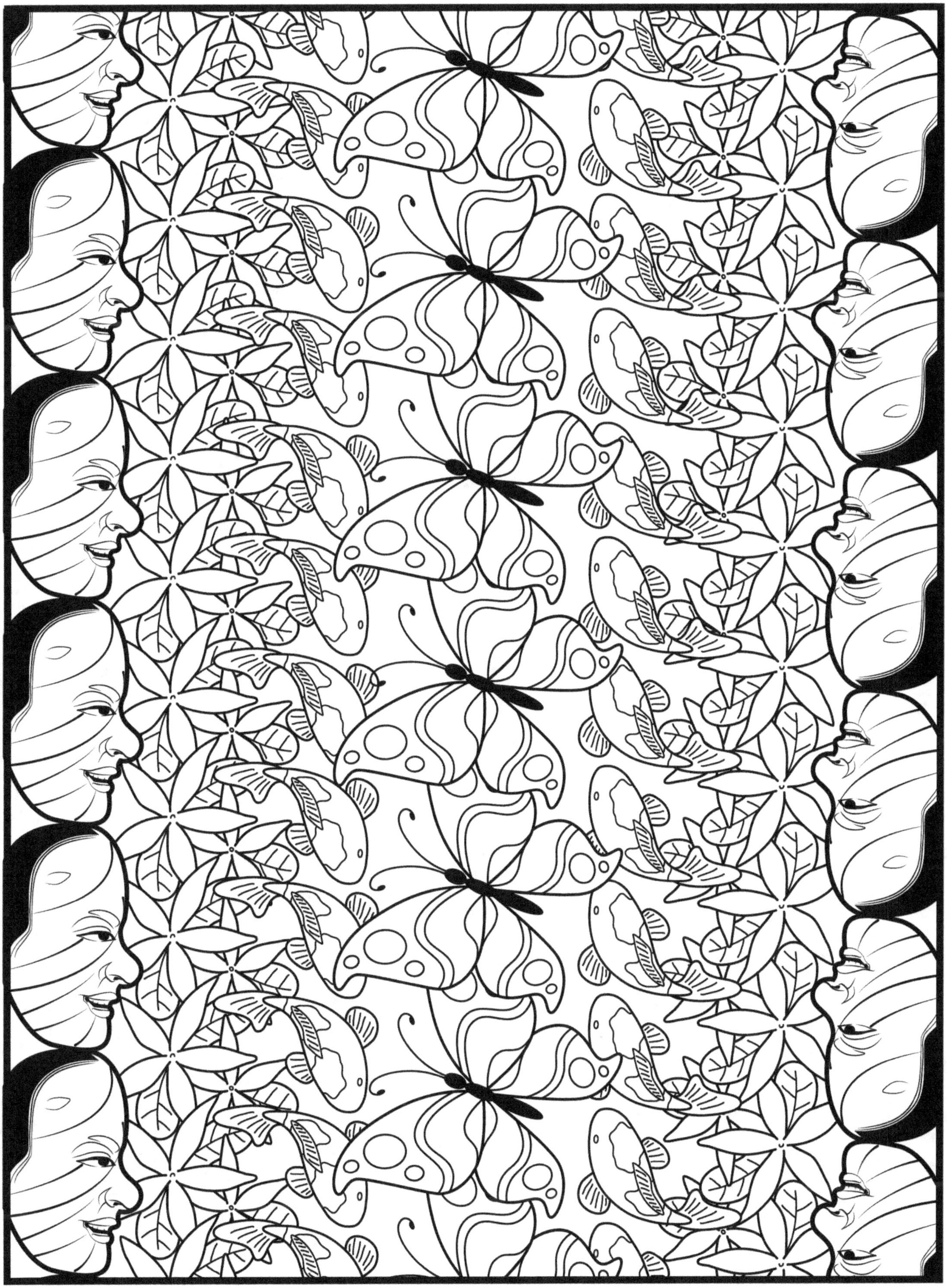

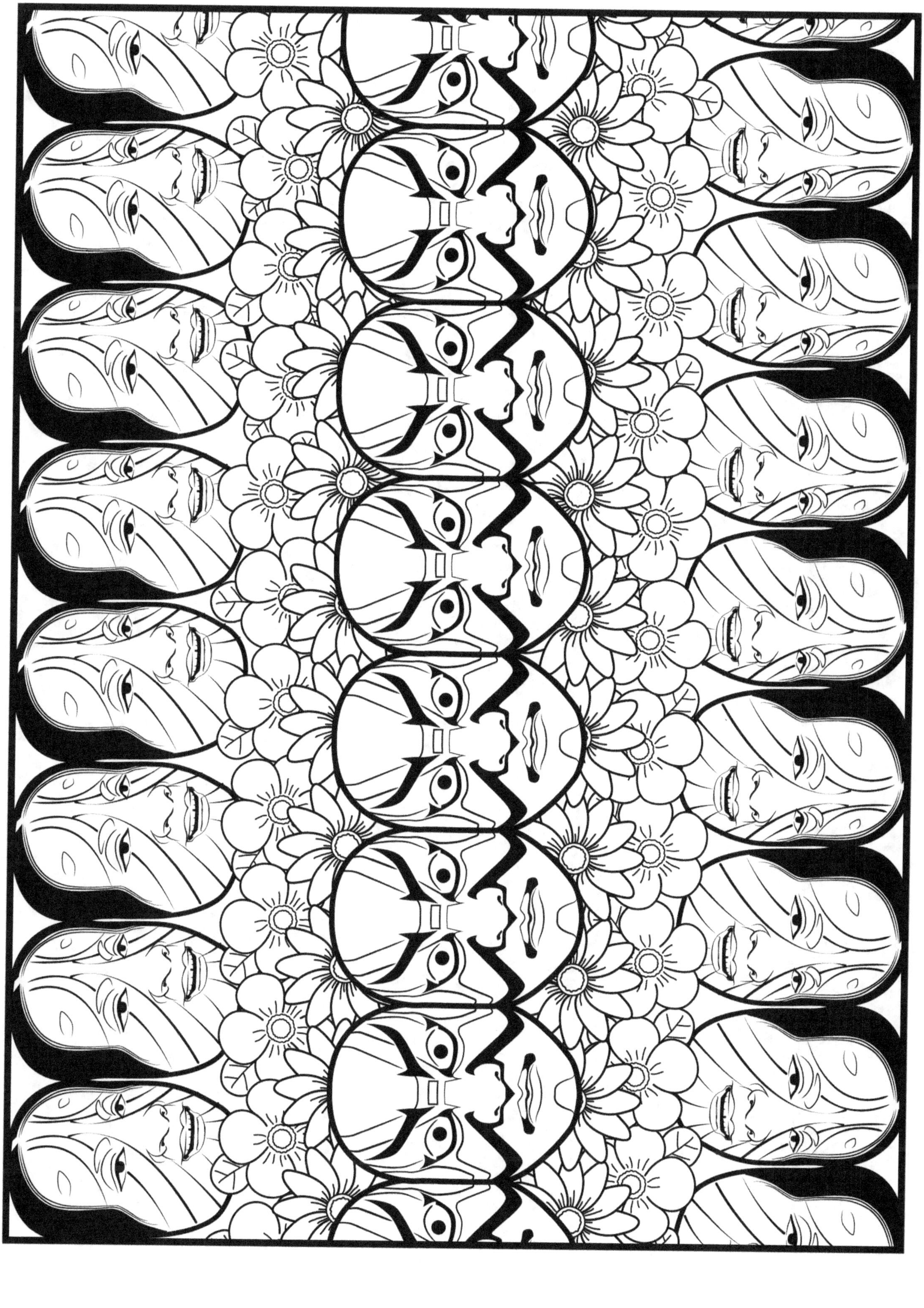

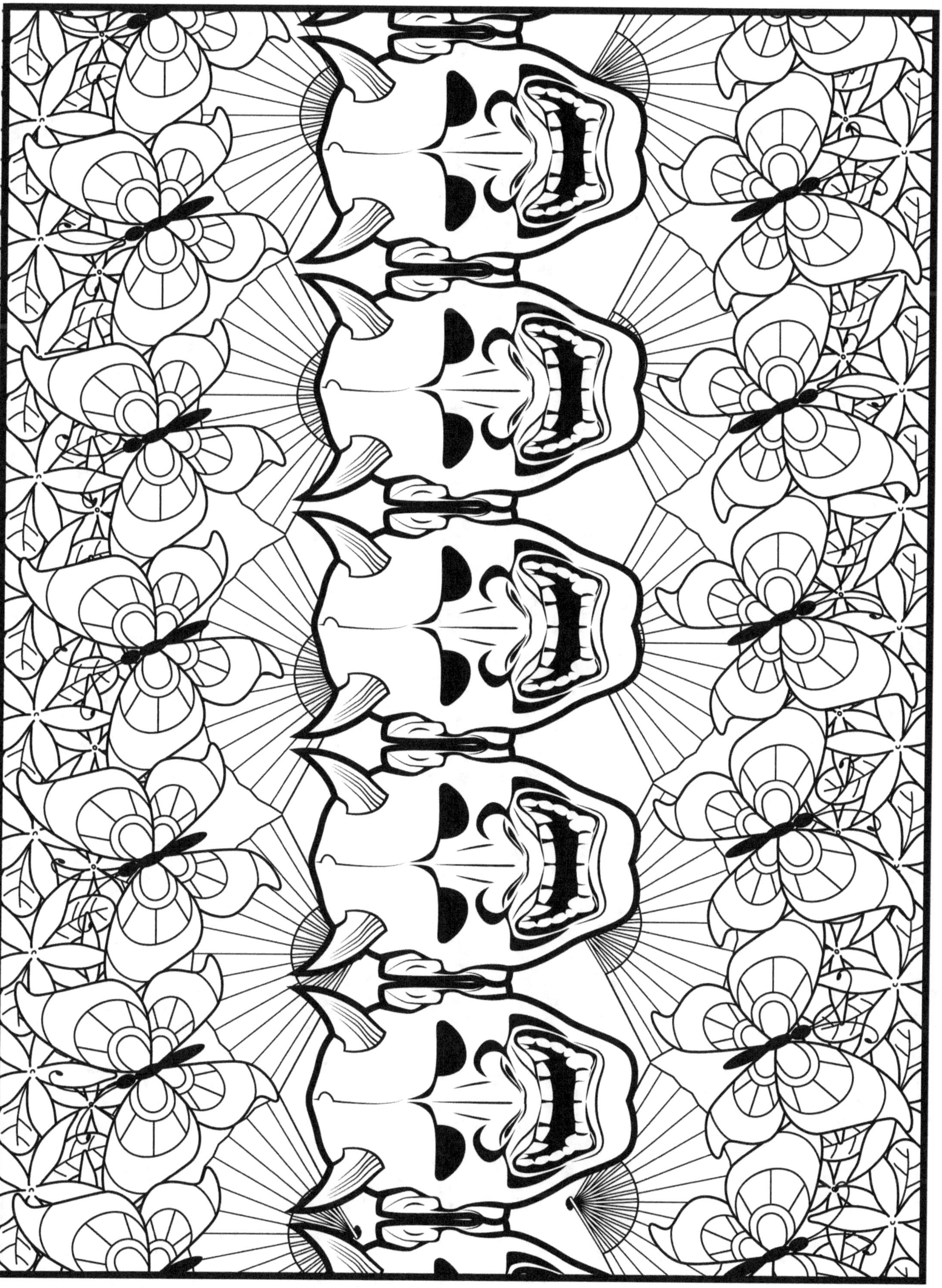

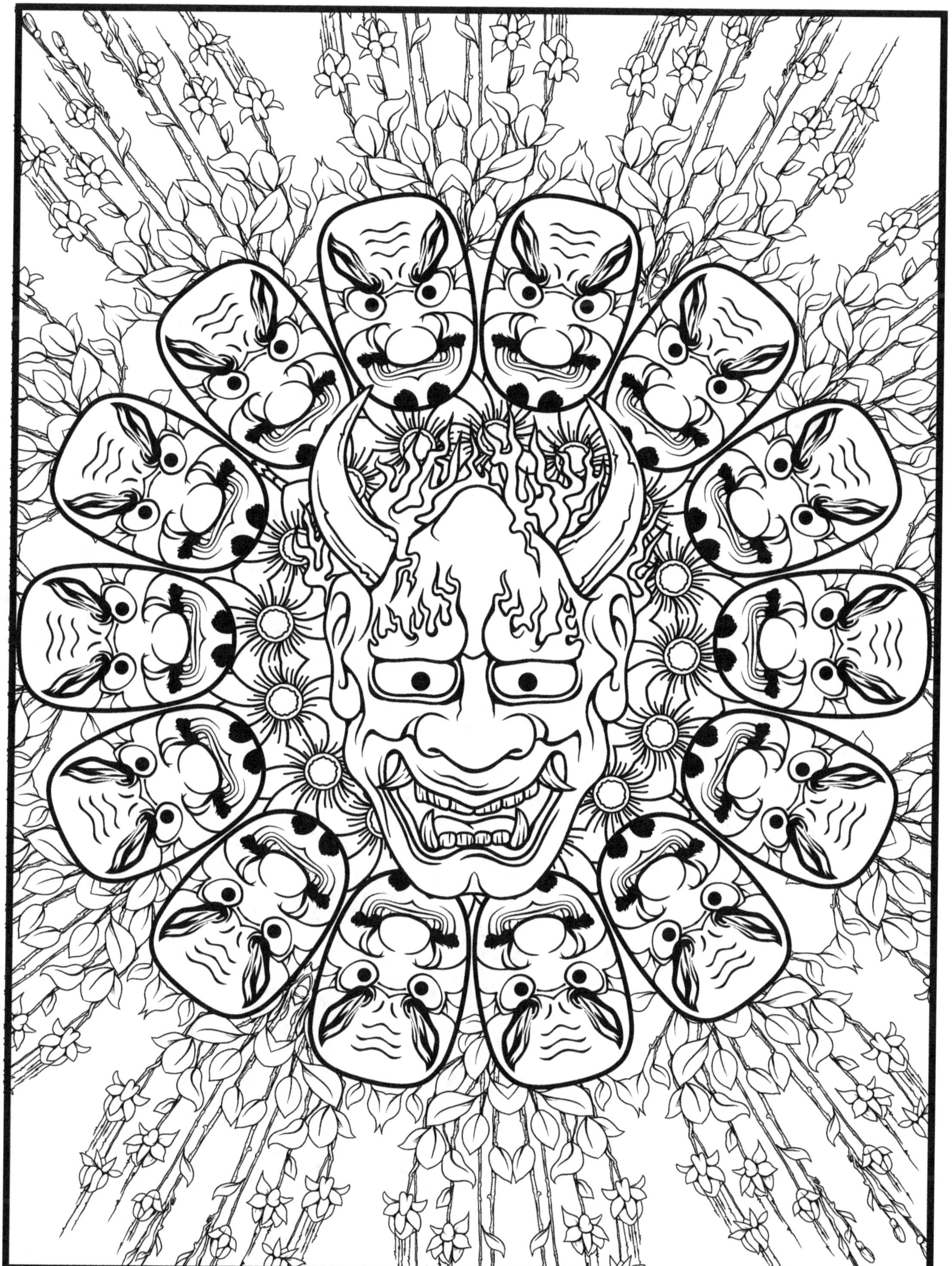

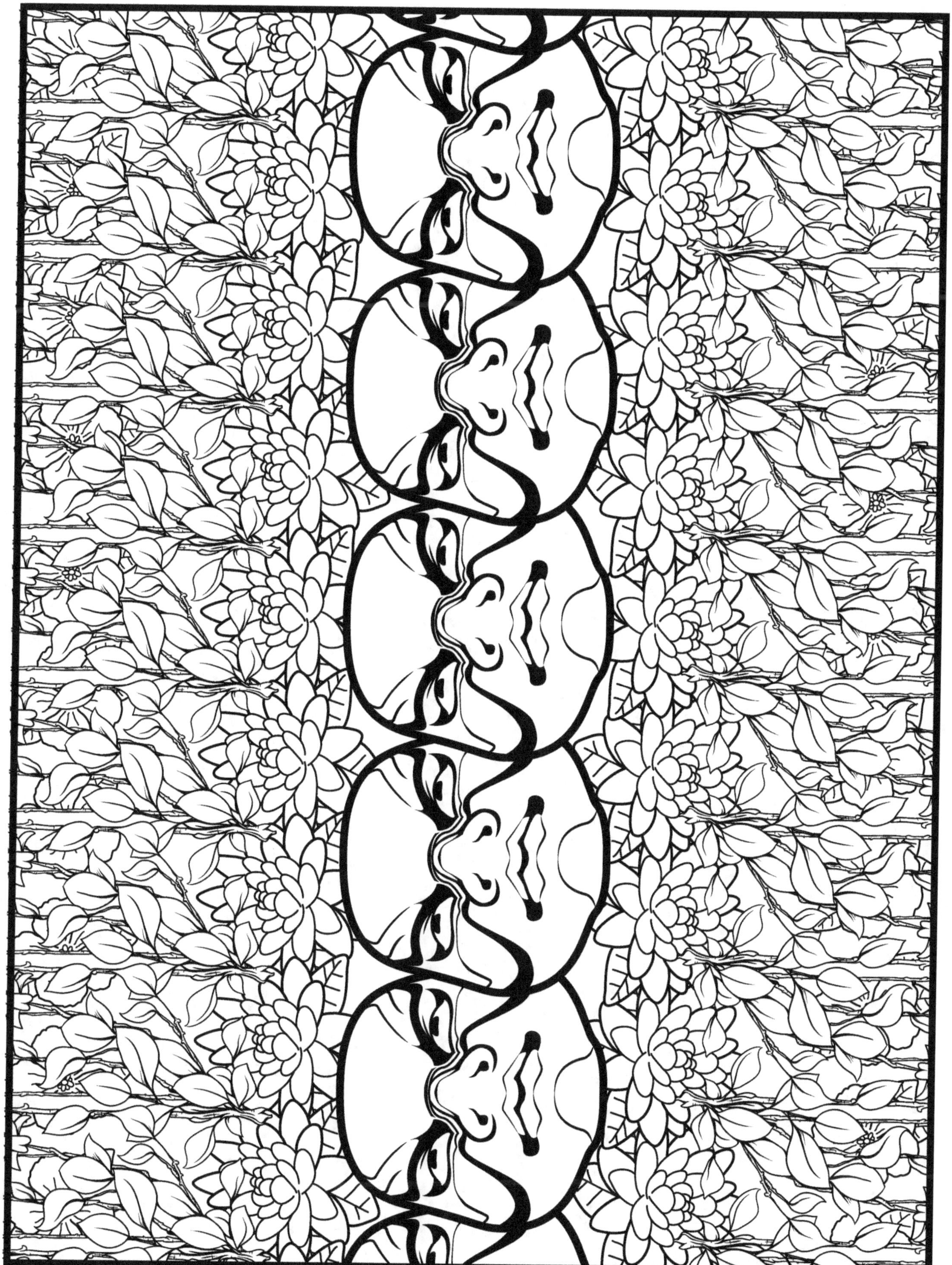

www.ingramcontent.com/pod-product-compliance
Lightning Source LLC
Chambersburg PA
CBHW082012290526
45787CB00017B/3273
* 9 7 8 1 5 1 9 6 0 6 1 9 8 *